Color Your Own Dual-Language Picture Dictionary

Español y Inglés / Spanish and English

el tigre / tiger

A Dual-Language Picture Dictionary and Coloring Book

Tracy Speelman

CONTENTS / CONTENIDO

Spanish Pronunciation Quick Guide

Vowels:

a – ah

e – eh

i – ee

o – oh

u – oo

Consonants:

c - before a, o, u: c as in cat

c – before e or i: s as in sat

g – before e or i: h as in hat

h – silent

j – h as in hat

ll – y as in yes

ñ – ny as in canyon

r – trilled

rr – strongly trilled

y – when standing alone, ee as in eel

z – s as in sit

LAS VERDURAS / VEGETABLES

el brócoli / broccoli	la zanahoria / carrot	la lechuga / lettuce
el maíz / corn	el apio / celery	la cebolla / onion
el pepino / cucumber	el tomate / tomato	el pimiento / pepper

LAS VERDURAS / VEGETABLES
Revisión de palabras / Word Review

vegetables	las verduras
broccoli	el brócoli
carrot	la zanahoria
celery	el apio
corn	el maíz
cucumber	el pepino
lettuce	la lechuga
onion	la cebolla
pepper	el pimiento
tomato	el tomate

LA NATURALEZA / NATURE

el pájaro / bird	la hormiga / ant	la flor / flower
el árbol / tree	la ardilla / squirrel	la abeja / bee
la rana / frog	la mariposa / butterfly	el gusano / worm

LA NATURALEZA / NATURE
Revisión de palabras / Word Review

nature	**la naturaleza**
ant	la hormiga
bee	la abeja
bird	el pájaro
butterfly	la mariposa
flower	la flor
frog	la rana
squirrel	la ardilla
tree	el árbol
worm	el gusano

LA FRUTA / FRUIT

la manzana / apple

el plátano / banana
los plátanos / bananas

la cereza / cherry
las cerezas / cherries

la uva / grape
las uvas / grapes

la pina / pineapple

la pera / pear

la naranja / orange

la fresa / strawberry
las fresas / strawberries

el limón / lemon

LA FRUTA / FRUIT
Revisión de palabras / Word Review

fruit	la fruta
apple	la manzana
banana	el plátano
bananas	los plátanos
cherry	la cereza
cherries	las cerezas
grape	la uva
grapes	las uvas
lemon	el limón
orange	la naranja
pear	la pera
pineapple	la pina
strawberry	la fresa
strawberries	las fresas

ANIMALES DE LA GRANJA / FARM ANIMALS

el pato / duck

el cerdo / pig

la cabra / goat

la oveja / sheep

el ganso / goose

el pavo / turkey

el caballo / horse

la gallina / chicken

la vaca / cow

ANIMALES DE LA GRANJA / FARM ANIMALS
Revisión de palabras / Word Review

farm animals	animales de la granja
chicken	la gallina
cow	la vaca
duck	el pato
goat	la cabra
goose	el ganso
horse	el caballo
pig	el cerdo
sheep	la oveja
turkey	el pavo

ANIMALES SALVAJES / WILD ANIMALS

el elefante / elephant

el oso / bear

el tigre / tiger

la cebra / zebra

el mono / monkey

la jirafa / giraffe

el venado / deer

ANIMALES SALVAJES / WILD ANIMALS
Revisión de palabras / Word Review

wild animals	animales salvajes
bear	el oso
deer	el venado
elephant	el elefante
giraffe	la jirafa
monkey	el mono
tiger	el tigre
zebra	la cebra

Spanish Pronunciation Quick Guide

Vowels:

a – ah

e – eh

i – ee

o – oh

u – oo

Consonants:

c - before a, o, u: c as in cat

c – before e or i: s as in sat

g – before e or i: h as in hat

h – silent

j – h as in hat

ll – y as in yes

ñ – ny as in canyon

r – trilled

rr – strongly trilled

y – when standing alone, ee as in eel

z – s as in sit

CONTENTS / CONTENIDO

LOS DEPORTES / SPORTS

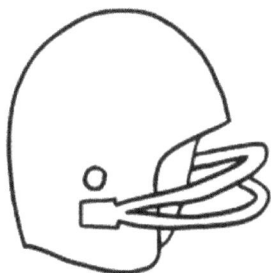

el casco de fútbol americano / football helmet

la pelota de fútbol americano / football

la pelota de béisbol / baseball

la pelota de fútbol / soccer ball

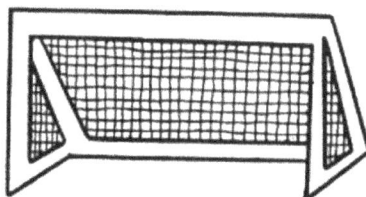

el arco de fútbol / soccer goal

el bate de béisbol / baseball bat

la canasta de baloncesto / basketball

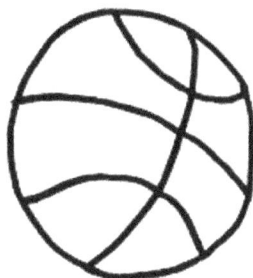

la pelota de baloncesto / basketball

el palo de hockey y el disco / hockey stick and puck

LOS DEPORTES / SPORTS
Revisión de palabras / Word Review

sports	los deportes
baseball	la pelota de béisbol
baseball bat	el bate de béisbol
basketball	la pelota de baloncesto
basketball net	la canasta de baloncesto
football	la pelota de fútbol americano
football helmet	el casco de fútbol americano
hockey puck	el disco de hockey
hockey stick	el palo de hockey
soccer ball	la pelota de fútbol
soccer goal	el arco de fútbol

EL SALÓN DE CLASES / CLASSROOM

el escritorio / desk

la silla / chair

el lápiz / pencil

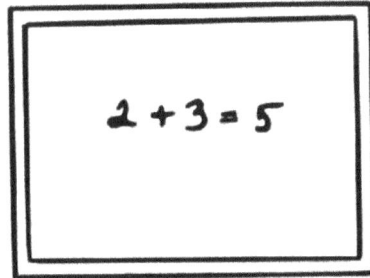

la pizarra / board

2 + 3 = 5

el bolígrafo / pen

el cuaderno / notebook

la computadora portátil / laptop

EL SALÓN DE CLASES / CLASSROOM
Revisión de palabras / Word Review

classroom	el salón de clases
board	la pizarra
chair	la silla
desk	el escritorio
laptop	la computadora portátil
notebook	el cuaderno
pen	el bolígrafo
pencil	el lápiz

EL TRANSPORTE / TRANSPORTATION

el carro / car

el autobús / bus

el tren / train

el avión / plane

el helicóptero / helicopter

el camión / truck

EL TRANSPORTE / TRANSPORTATION

Revisión de palabras / Word Review

transportation	el transporte
bus	el autobus
car	el carro
helicopter	el helicóptero
plane	el avión
train	el tren
truck	el camión

EL SEMÁFORO / TRAFFIC LIGHT

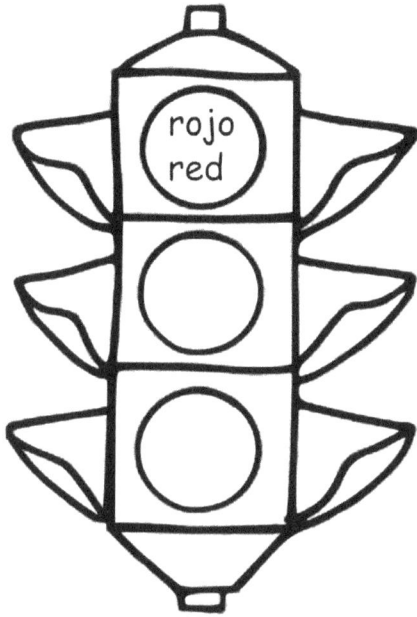

rojo
red

parar / stop

amarillo
yellow

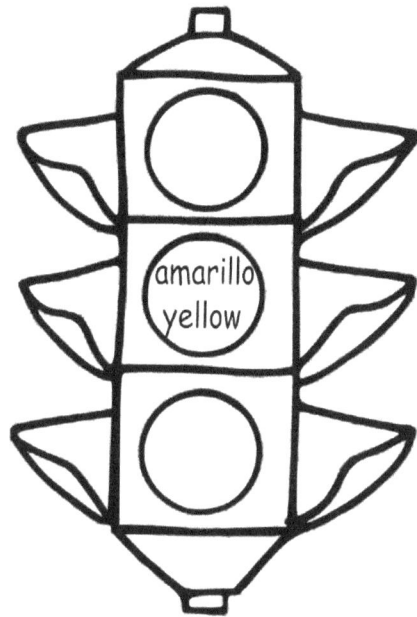

ceder el paso / yield

verde
green

ir/ go

EL SEMÁFORO / TRAFFIC LIGHT
Revisión de palabras / Word Review

traffic light	el semáforo
go	ir
green	verde
red	rojo
stop	parar
yellow	amarillo
yield	ceder el paso

VERBOS – ACCIONES / VERBS - ACTION

caminar / walk

correr / run

saltar / jump

sentarse / sit

comer / eat

beber / drink

montar / ride

conducir / drive

jugar / play

VERBOS – ACCIONES / VERBS – ACTION

Revisión de palabras / Word Review

verbs – action	verbos – acciones
eat	comer
drink	beber
drive	conducir
jump	saltar
play	jugar
ride	montar
run	correr
sit	sentarse
walk	caminar

EL BAÑO / BATHROOM

la bañera / bathtub

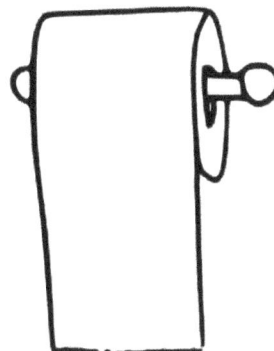

el papel higiénico / toilet paper

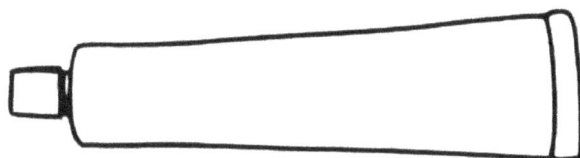

la pasta de dientes / toothpaste

el lavabo / sink

el cepillo de dientes / toothbrush

el inodoro / toilet

EL BAÑO / BATHROOM

Revisión de palabras / Word Review

bathroom	**el baño**
bathtub	la bañera
sink	el lavabo
toilet	el inodoro
toilet paper	el papel higiénico
toothbrush	el cepillo de dientes
toothpaste	la pasta de dientes

EN LA MESA / TABLE SETTING

el cuchillo / knife

el tazón / bowl

la cuchara / spoon

el tenedor / fork

el plato / plate

el vaso / glass

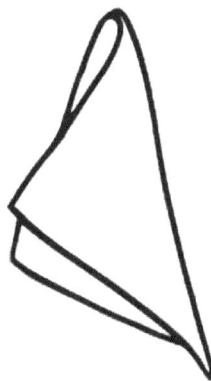

la servilleta / napkin

la taza / mug

23

EN LA MESA / TABLE SETTING

Revisión de palabras / Word Review

table setting	en la mesa
bowl	el tazón
fork	el tenedor
glass	el vaso
knife	el cuchillo
mug	la taza
napkin	la servilleta
plate	el plato
spoon	la cuchara

LA COCINA / KITCHEN

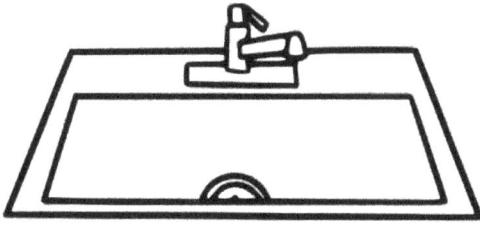

el fregadero / sink

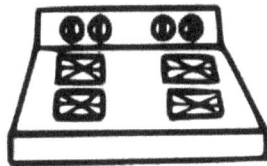

el refrigerador / refrigerator

la estufa / stove

el horno / oven

el microondas / microwave

la tostadora / toaster

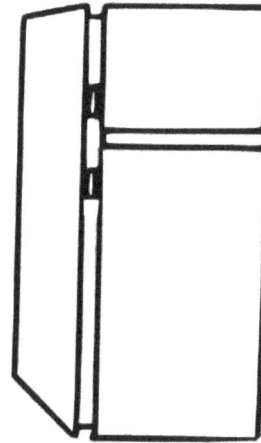

la tetera / teapot

LA COCINA / KITCHEN

Revisión de palabras / Word Review

kitchen	la cocina
microwave	el microondas
oven	el horno
refrigerator	el refrigerador
sink	el fregadero
stove	la estufa
teapot	la tetera
toaster	la tostadora

COSAS DE LA COCINA / KITCHEN THINGS

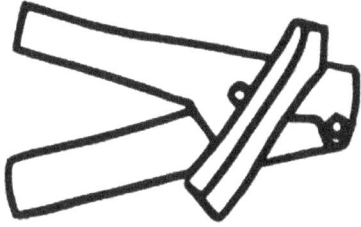

el abre latas / can opener

la sartén / frying pan

la espátula / spatula

la olla / pot

el pelador / peeler

el cuchillo / knife

el asa de la olla / pot holder

el cucharón / ladle

el batidor / whisk

COSAS DE LA COCINA / KITCHEN THINGS
Revisión de palabras / Word Review

kitchen things	cosas de la cocina
can opener	el abre latas
frying pan	la sartén
knife	el cuchillo
ladle	el cucharón
peeler	el pelador
pot	la olla
pot holder	el asa de la olla
spatula	la espátula
whisk	el batidor

LA SALA / LIVING ROOM

1. la cortina / curtain
2. la ventana / window
3. el sofá / sofa
4. el cojin / pillow
5. la mesa / table
6. la alfombra / rug
7. el piso / floor
8. la planta / plant
9. la lámpara / lamp
10. la fotografía / picture

LA SALA / LIVING ROOM
Revisión de palabras / Word Review

living room	la sala
curtain	la cortina
floor	el piso
lamp	la lámpara
picture	la fotografía
pillow	el cojin
plant	la planta
rug	la alfombra
sofá	el sofá
table	la mesa
window	la ventana

EL VERANO / SUMMER

la silla de playa / beach chair

la sombrilla / umbrella

la cometa / kite

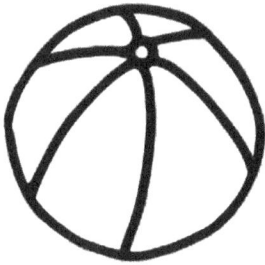

la pelota de playa / beach ball

el balde y la pala / pail and shovel

el sol / sun

el asador / barbeque (grille)

las gafas de sol / sunglasses

SPF 30

el protector solar / sunscreen

EL VERANO / SUMMER
Revisión de palabras / Word Review

summer	el verano
barbeque	el asador
beach ball	la pelota de playa
beach chair	la silla de playa
kite	la cometa
pail	el balde
shovel	la pala
sun	el sol
sunglasses	las gafas de sol
sunscreen	el protector solar
umbrella	la sombrilla

EL INVIERNO / WINTER

el abrigo / coat

el gorro / hat

las botas / boots

la bufanda / scarf

los guantes / gloves

los mitones / mittens

el muñeco de nieve / snowman

el patín / skate

el trineo / sled

EL INVIERNO / WINTER
Revisión de palabras / Word Review

winter	el invierno
boots	las botas
coat	el abrigo
gloves	los guantes
hat	el gorro
mittens	los mitones
scarf	la bufanda
skate	el patín
sled	el trineo
snowman	el muñeco de nieve

HERRAMIENTAS / TOOLS

el martillo / hammer

las pinzas / pliers

la llave inglesa / wrench

el tornillo / screw

la sierra / saw

el clavo / nail

el destornillador / screwdriver

el hacha / axe

el taladro / drill

HERRAMIENTAS / TOOLS

Revisión de palabras / Word Review

tools	herramientas
axe	el hacha
drill	el taladro
hammer	el martillo
nail	el clavo
pliers	las pinzas
saw	la sierra
screw	el tornillo
screwdriver	el destornillador
wrench	la llave inglesa

CONTENEDORES / CONTAINERS

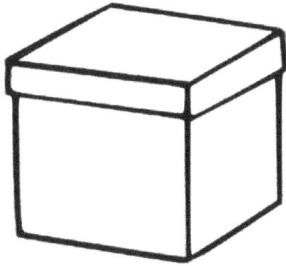

la caja / box

el sobre / envelope

la bolsa / bag

la canasta / basket

el depósito / bin

la lata / can

la botella / bottle

el tarro / jar

la jarra / jug

CONTENEDORES / CONTAINERS
Revisión de palabras / Word Review

containers	contenedores
bag	la bolsa
basket	la canasta
bin	el depósito
bottle	la botella
box	la caja
can	la lata
envelope	el sobre
jar	el tarro
jug	la jarra

MASCOTAS / PETS

el gato

cat

el perro

dog

la pata / paw

el collar / collar

la cola / tail

MASCOTAS / PETS

Revisión de palabras / Word Review

pets	mascotas
cat	el gato
collar	el collar
dog	el perro
paw	la pata
tail	la cola

LA ROPA / CLOTHING

la camisa / shirt

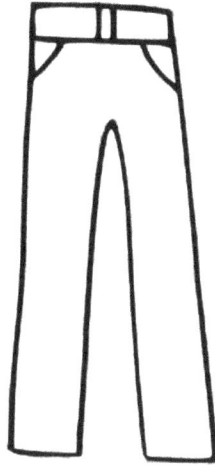

el zapato / shoe

los calcetines / socks

los pantalones / pants

los pantalones cortos / shorts

la corbata / tie

la chaqueta / jacket

la correa / belt

el vestido / dress

LA ROPA / CLOTHING

Revisión de palabras / Word Review

clothing	la ropa
belt	la correa
dress	el vestido
jacket	la chaqueta
pants	los pantalones
shirt	la camisa
shoe	el zapato
shorts	los pantalones cortos
socks	los calcetines
tie	la corbata

COMUNICACIÓN / COMMUNICATION

hablar / talk

reírse / laugh

gritar / shout

cantar / sing

sonreír / smile

llorar / cry

escribir / write

leer / read

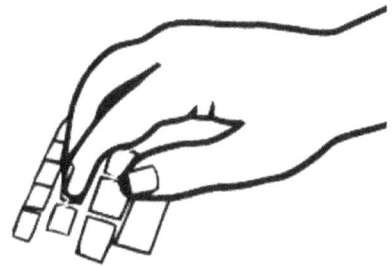

escribir a máquina / type

COMUNICACIÓN / COMMUNICATION

Revisión de palabras / Word Review

communication	comunicación
cry	llorar
laugh	reírse
read	leer
shout	gritar
sing	cantar
smile	sonreír
talk	hablar
type	escribir a máquina
write	escribir

LOS NUMEROS / NUMBERS

las uvas / grapes

1 – uno - one

2 – dos – two

3 – tres - three

4 – cuatro – four

5 – cinco - five

6 – seis – six

7 – siete - seven

8 – ocho - eight

9 – nueve – nine

10 – diez – ten

LOS NUMEROS / NUMBERS

Revisión de palabras / Word Review

#	numbers	los números
1	one	uno
2	two	dos
3	three	tres
4	four	cuatro
5	five	cinco
6	six	seis
7	seven	siete
8	eight	ocho
9	nine	nueve
10	ten	diez

LA CARA / FACE

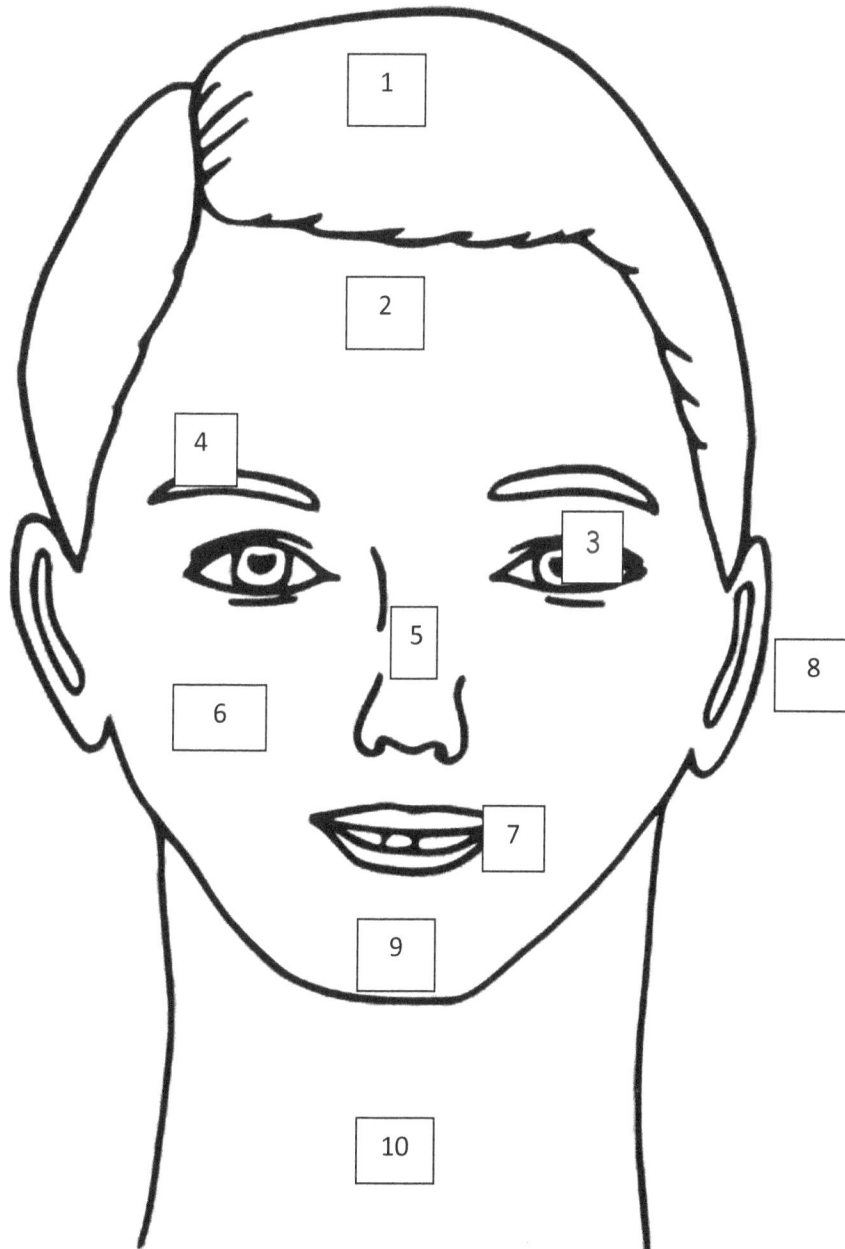

1. el cabello / hair
2. la frente / forehead
3. el ojo / eye
4. la ceja / eyebrow
5. la nariz / nose
6. la mejilla / cheek
7. la boca / mouth
8. la oreja / ear
9. el mentón / chin
10. el cuello / neck

LA CARA / FACE
Revisión de palabras / Word Review

face	la cara
cheek	la mejilla
chin	el mentón
ear	la oreja
eye	el ojo
eyebrow	la ceja
forehead	la frente
hair	el cabello
mouth	la boca
neck	el cuello
nose	la nariz

LA MANO Y EL PIE / HAND AND FOOT

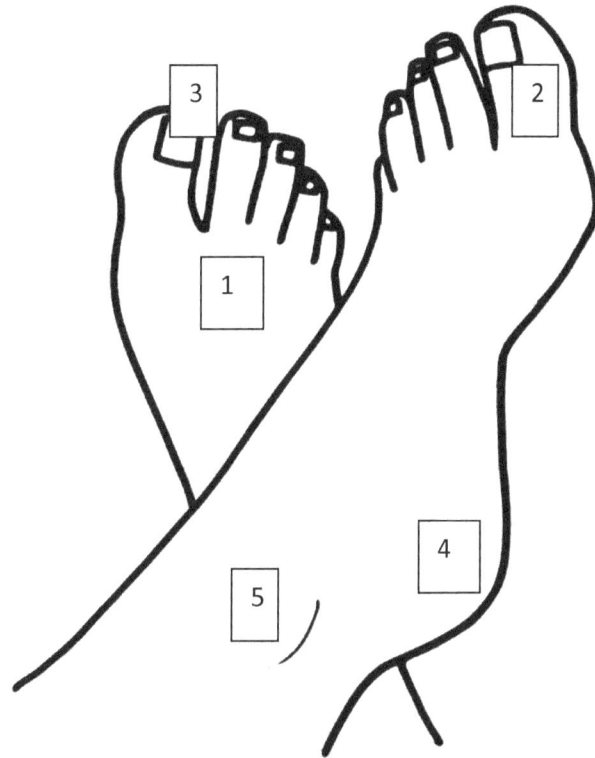

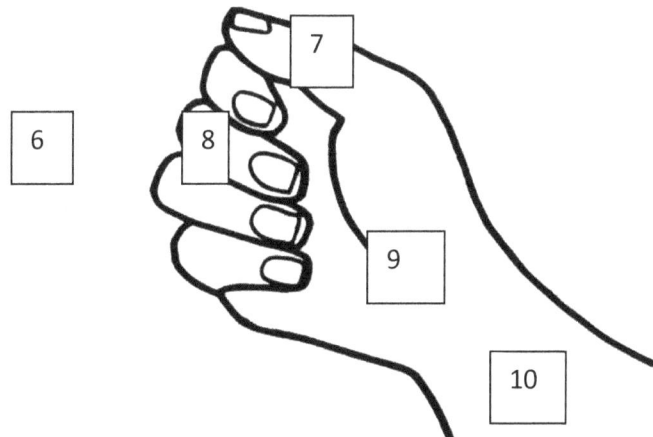

3

2

1

4

5

7

6

8

9

10

1. el pie / foot
2. el dedo del pie / toe
3. la uña / nail
4. el talon / heel
5. el tobillo / ankle

6. la mano / hand
7. el pulgar / thumb
8. el dedo / finger
9. la palma / palm
10. la muñeca / wrist

LA MANO Y EL PIE / HAND AND FOOT

Revisión de palabras / Word Review

hand and foot	la mano y el pie
ankle	el tobillo
finger	el dedo
foot	el pie
hand	la mano
heel	el talon
nail	la uña
palm	la palma
thumb	el pulgar
toe	el dedo del pie
wrist	la muñeca

El índice / Index

www.ingramcontent.com/pod-product-compliance
Lightning Source LLC
Chambersburg PA
CBHW081241020426
42331CB00013B/3260